CONSULTATION
SUR LA LÉGITIMITÉ
DES NAISSANCES
PRÉTENDUES TARDIVES.

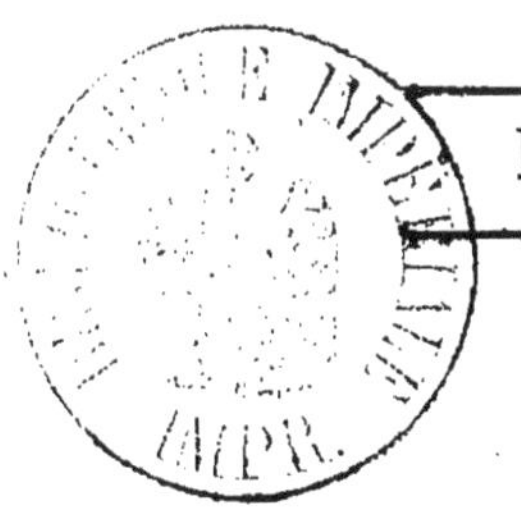

Imprimée en 1765.

CONSULTATION.

LE CONSEIL SOUSSIGNÉ ASSEMBLÉ pour prononcer sur deux questions importantes, sçavoir si un homme de 75 ans, attaqué de gangrene à la jambe, de cause interne, peut dans cet état faire un enfant : tous les Consultans conviennent de la possibilité ; & quoique les apparences soient contre cette opinion pour les gens qui ne sont pas de l'Art, ils prouvent cette possibilité par des observations de Pulmoniques même avancés en âge, lesquels, peu de jours avant la mort, ont laissé leurs femmes grosses, quoiqu'après la mort on leur ait trouvé les deux lobes du poumon en suppuration, adhérents aux côtes, & même gangrénés. Si dans cet état un homme est capable de procréer, à plus forte raison quelqu'un qui n'a la gangréne que dans les extrémités du corps, & par conséquent dans les parties les plus éloignées de celles qui sont les organes principaux de la vie.

La seconde question de sçavoir si un enfant né dix mois & demi après la mort du mari de sa mere, peut & doit être regardé comme légitime. Pour résoudre cette question, nous croyons devoir prendre pour fondement de notre Délibération, 1°. les loix que suit la Nature dans le développement & l'accroissement du fœtus dans le sein de sa mere ; 2°. les faits rapportés par un grand nombre d'Auteurs dignes de foi.

C'est ordinairement après une grossesse de neuf mois, tantôt un peu moins, tantôt un peu plus, que se fait l'accouchement ; & ce moins peut s'étendre à une différence de deux mois, &

un peu plus au dessous du terme de neuf; & le plus peut s'étendre à une différence de deux mois, & même beaucoup plus, au-dessus du terme de neuf mois, qui est sans doute le terme le plus ordinaire.

En effet, il nous paroît certain que le temps légitime de la naissance est celui où les parties du fœtus sont aussi développées, aussi étendues, aussi fortes qu'elles le doivent être, pour qu'après la naissance il puisse respirer, sucer, digérer avec facilité, & vivre d'une vie tout-à-fait séparée de celle de sa mere, & uniquement à lui. Nous assurons que la marche du développement & de l'accroissement, qui nous fait passer d'un point imperceptible à la grandeur que nous avons en naissant, n'est point la même dans tous les hommes : elle se fait avec tantôt plus, tantôt moins de célérité.

Les meres cependant sont tellement persuadées qu'elles doivent être grosses pendant neuf mois, parce qu'en effet ce terme est le plus ordinaire, que quand elles accouchent avant ou après ce terme, elles croient, sinon toutes, du moins plusieurs, être tombées dans quelque erreur de compte; c'est-à-dire, que dans le premier cas elles pensent qu'elles ne se sont pas apperçues d'être grosses dans le temps où elles ont commencé à l'être; & que, dans le second, elles s'imaginent qu'elles se sont crues grosses dans le tems qu'elles ne l'étoient pas encore.

Il arrive de cette persuasion où sont la plupart des femmes qu'elles doivent être grosses pendant neuf mois, qu'il y en a peu qui croient n'avoir été grosses que sept mois; & qu'il y en a peu qui conviennent l'avoir été dix ou onze mois. Il n'y a pour l'accouchement de sept mois, que de certaines circonſtances, comme, par exemple, une groſſeſſe qui ſuccéde immédiatement à une premiere groſſeſſe, ou certains ſignes évidents, qui ſe préſentent à la vérité ſouvent, mais pas toujours, qui forcent à convenir que la groſſeſſe n'a été que de ſept mois, ou de huit; & pour l'accouchement qui ſe fait à dix, ou à onze mois, il n'y a que de certaines circonſtances, telles que celle de la mort du pere, jointe à des ſignes évidents qui ſe découvrent ſouvent dès les premiers mois, mais qu'on n'apperçoit pas toujours, qui puiſſent convaincre que la groſſeſſe a duré dix à onze mois.

Nous penſons donc que, quoiqu'il ne ſoit pas rare de voir des accouchements arriver à ſept mois, il s'en fait pluſieurs à ce terme qu'on rapporte cependant au terme de neuf mois, parce que ce terme de neuf mois eſt le plus ordinaire. Nous penſons de même que, quoique nous ayons beaucoup d'obſervations d'enfants nés à dix, à onze, à douze mois, & même beaucoup au-delà, une grande multitude de ces accouchements tardifs a échappé à la connoiſſance des hommes, parce qu'il arrive ſouvent que les meres ſont groſſes ſans croire l'être, & ſans qu'on s'apperçoive qu'elles le ſont dans les premiers mois. Il eſt facile de tomber dans cette double erreur, parce que les ſignes certains de la groſſeſſe ſe cachent très-fréquemment, dans les premiers mois aux recherches les plus exactes; & que les Médecins & les Accoucheurs les plus habiles peuvent y être quelquefois trompés.

La légitimité des enfants qui naiſſent à ſept ou à huit mois, n'eſt plus conteſtée, & elle ne le doit pas être; parce que le développement & l'accroiſſement rapides de ces enfants ſont aussi conformes aux loix que suit la Nature dans notre formation, que le développement & l'accroissement des enfants qui naissent à neuf mois (1) : car le développement & l'accroissement rapides d'un enfant qui naît à sept ou à huit mois, vient de trois causes principales.

1°. De la grande abondance des sucs nourriciers qu'une mere saine & vigoureuse donne continuellement à son fruit.

2°. D'une grande flexibilité & *extensibilité* dans les fibres & les vaisseaux de l'embryon.

3°. D'une grande force dans l'action du cœur & des arteres du fœtus.

Quand ces trois causes se trouvent réunies, il est naturel que le fœtus soit formé, & capable de vivre à la maniere des enfants avant le terme de neuf mois. Cette vérité est encore appuyée sur l'observation journaliere, qui nous apprend qu'il naît, depuis sept jusqu'à neuf mois, des enfants bien constitués, & quelquefois plus vigoureux que certains enfants qui naissent après une grossesse de neuf mois.

Mais s'il est prouvé *à priori*, c'est-à-dire par les causes, ou par les loix que suit la Nature dans le développement & l'accroissement du fœtus, & *à posteriori*, c'est-à-dire par des faits, qu'il peut aussi bien naître des enfants à onze mois, & même au-delà, qu'à sept mois, le terme de onze mois pour la naissance est un terme aussi naturel & aussi légitime que celui de sept, de huit & de neuf mois. Or il nous paroît prouvé *à priori*, c'est-à-dire par les loix que suit la Nature dans le développement & l'accroissement

(1) On en doit sans doute excepter les cas de violence, tels que les coups, les chûtes, &c.

de l'enfant dans le ſein de ſa mere, & par un grand nombre de faits, qu'il peut auſſi-bien naître des enfants à onze mois, qu'à ſept, huit & neuf mois : ainſi nous concluons que le terme de dix & de onze mois eſt auſſi naturel, auſſi légitime, que celui de ſept & de huit, & même de neuf mois, quoiqu'il ne ſoit pas auſſi ordinaire que ce dernier. Nous allons d'abord rapporter les principales raiſons qui nous ſemblent prouver *à priori*, qu'il peut auſſi-bien naître des enfans à onze mois, qu'à ſept, huit, ou à neuf mois. Nous rapporterons enſuite les faits qui prouvent qu'il peut naître, & qu'il naît en effet, des enfants à dix & à onze mois de groſſeſſe, auſſi-bien qu'à ſept & à huit mois.

Premierement, on ne ſçauroit douter qu'il y a des Meres qui ne fourniſſent pas à leur fruit la qualité de bons ſucs nourriciers requiſe pour que ſes reſſorts ſe développent dans le terme de ſept à huit mois, & même dans celui de neuf, & que dans ce cas la naiſſance doit néceſſairement être plus tardive; c'eſt à dire, qu'au lieu d'arriver à ſept, huit ou neuf mois, elle ſe fera à dix ou onze mois, ou plus tard encore : car le fœtus eſt un édifice dont la mere, excepté le premier germe, fournit tous les matériaux, paſſant de la mere à l'enfant par des vaiſſeaux que le chagrin & les inquiétudes reſſerrent. D'ailleurs, on ne doute point que la triſteſſe, telle que celle qui accable une jeune femme à la mort d'un mari, ne lie la force de ſon cœur. Cependant il n'arrive pas à l'enfant un ſeul globule de ſucs nourriciers qui ne lui ſoit fourni par la force du cœur & de la reſpiration de la mere.

Nous aſſurons que dans de telles circonſtances le développement & l'accroiſſement du fœtus doit être retardé.

Les Loix de l'accroiſſement de l'enfant dans le ſein de ſa mere ſont, à quelques différences près, exactement les mêmes que celles de l'accroiſſement après ſa naiſſance. Or l'expérience journaliere prouve que des enfans allaités par certaines Nourrices, ne croiſſent pas, & prennent un accroiſſement rapide d'une Nourtice dont le lait leur fournit des ſucs nourriciers meilleurs & plus abondans. Or les Meres ſont tout au moins pendant leur groſſeſſe les nourrices de leurs enfans.

Secondement, il eſt des fœtus dont les fibres & les vaiſſeaux ont naturellement moins de ſoupleſſe, moins de facilité à céder, à s'allonger ſous les impulſions preſqu'innombrables des fluides qui parcourent leur cavité. Plus de quatre-vingts impulſions dans chaque minute dilatent, allongent ces vaiſſeaux; mais elles les dilatent & elles les allongent d'autant moins, qu'ils réſiſtent plus.

L'obſervation journaliere nous apprend que l'accroiſſement des enfans après la naiſſance & dans l'adoleſcence, marche d'un pas égal dans les différens individus : car les uns n'arrivent au dernier terme de leur accroiſſement qu'à vingt-deux ans, tandis que d'autres y ſont arrivés à dix-ſept, à dix-huit, à vingt ans, & cela à raiſon de la différente extenſibilité & ſoupleſſe de leurs vaiſſeaux. Ainſi les loix de l'accroiſſement du fœtus étant les mêmes que celles de l'Enfant né & de l'adoleſcent, il ſuit que la marche du développement & de l'accroiſſement du fœtus doit aller d'un pas inégal dans les différens individus, parce que les fibres, les vaiſſeaux s'allongent moins facilement, moins vîte, & prennent moins de vigueur dans les uns que dans les autres dans un temps égal.

Troisiémement, la force du cœur du fœtus est, pour ainsi dire, la seule puissance qui donne le développement & l'impulsion au sang & à toute la masse des fluides ; cette force est donc le principal ressort de l'accroissement : or la force du cœur n'est point la même dans tous les fœtus ; dans l'une elle est grande, dans l'autre elle est foible. Il est donc évident que dans le fœtus dont le cœur ne peut donner que de foibles impulsions au sang, l'accroissement se fait avec lenteur, mais souvent aussi-bien : c'est pourquoi les exercices du corps qui animent le mouvement du cœur, hâtent l'accroissement dans le jeune âge ; c'est aussi par ces raisons qu'on explique pourquoi la fiévre fait souvent croître en peu de temps les adolescens, tandis que la vie oisive & sédentaire retarde leur accroissement.

A ces loix est soumise la marche de l'accroissement & de la force que prend le fœtus ; mais chacune de ces loix principales en renferme un si grand nombre de particulieres, qu'il n'est pas possible de les renfermer dans les bornes d'une Délibération.

Il est donc prouvé par les loix que suit la Nature dans le développement & l'accroissement du fœtus, qu'il peut, & qu'il doit même naître aussi-bien des enfants à dix & à onze mois, & même plus, qu'à sept, huit & neuf mois. L'analogie fournit encore des raisons accessoires à celles que nous venons de rapporter.

Nous avons bien des raisons de penser que l'embryon, avant que l'œuf se soit attaché à la surface intérieure de la matrice, & même longtems après, vit à la maniere des plantes. Il nage dans la cavité de la matrice ; sa surface est toute veloutée ; les filamens de ce velouté se prolongent ordinairement vers le fond de la matrice, ils s'y attachent, & forment le placenta. L'embryon ne commence à vivre d'une vie animale, & son sang à circuler, que quand ses organes ont acquis une certaine étendue : au moins cette idée est la plus vraisemblable.

Or, premierement, il est certain que des semences de même espece, semées dans la même terre, dans le même instant & avec les mêmes précautions, il en est qui germent & paroissent plus lentement & plus tard que d'autres.

Secondement, il est certain que ces mêmes semences dans certains terreins, végetent plus lentement que dans d'autres ; mais on ne les voit jamais sortir de terre à la fois, quoique semées dans la même terre.

Troisiémement, il en est de même du tems de la naissance des feuilles, des fleurs, de la maturité des fruits ; la même variété dans les instans de la naissance s'observe dans les volatiles, les insectes, les serpens, les aquatiques, enfin dans tout ce qui naît sous nos yeux.

Quatriémement, le plus grand nombre des animaux de même espece, naît à un terme commun ; un moindre nombre suit ce terme, un autre moindre nombre le précede ; ces trois différens termes de la naissance sont naturels ; ils se conçoivent sans que la distance, tantôt plus, tantôt moins grande qui le sépare, autorise à penser, que les premiers-nés sont formés par des loix différentes de celles qui dirigent la formation du plus grand nombre, ou que ceux qui naissent les derniers, doivent leur naissance à des loix opposées à celles qui développent les premiers.

La premiere loi de la nature dans notre formation

mation, est que l'enfant vive ; & par conséquent, qu'il ne naisse que quand ses organes sont assez accomplis pour le faire vivre à la maniere des hommes.

Il ne nous reste plus qu'à porter nos regards sur les faits qui prouvent qu'il naît en effet des enfants à dix, à onze mois, & même après des grossesses de dix-neuf mois, de même qu'à sept, huit & neuf mois.

Ces faits ne sont ni rares, ni suspects. On en trouve dans le berceau de la Médecine, dans le moyen âge, ainsi que dans les derniers siecles. On en trouve chez les Grecs, peu chez les Arabes, beaucoup chez les Romains, beaucoup plus encore depuis le dernier renouvellement des Sciences & des Arts.

Premierement, Hypocrate (1), qui est le premier des Médecins qui a rédigé les connoissances vagues de ses Prédécesseurs en un corps de doctrine, dit qu'il se fait des accouchemens à dix & à onze mois.

Secondement, Aristote (2) avance que beaucoup de femmes accouchent le dixieme mois, quelques-unes le onzieme, & même le quatorzieme.

Troisiémement, Galien (3) ne pense pas sur ce sujet différemment d'Hypocrate.

Quatriémement, Fuschius & Galien (4) ont expliqué la doctrine d'Hypocrate, & sa métho-

---

(1) *Lib.* 3. *de septimestri*, & 8. *trimestri*, Partie que quelques Auteurs attribuent à Polybe.

(2) Hist. des Anim. Liv. 7. Chap. 5. cité par Schenchius.

(3) Oper. T. 1.

(4) Dans le troisieme Livre de Valercola. Cette citation est de Schenchius.

de obſcure de compter les jours & les mois.

Cinquiémement, Pline (1) aſſure que Veſtilia, femme d'Herdiſius, enſuite de Pomperius & d'Orfilius, tous trois fort illuſtres, eut quatre enfans de ſes trois Maris, l'un nommé Sempronius, au bout de ſept mois; un autre nommé Suillus Rufus, au bout de onze mois, qui fut Conſul; un autre nommé Corbulon, qui fut pareillement Conſul, au bout de ſept mois, & une fille, nommée Cæſonia, au bout de huit mois, qui épouſa Caïus. Ces quatre enfans nés, comme on voit, à des termes différents, furent regardés comme également légitimes par les Romains.

Sixiémement, Aulu-Gelle (2) Ecrivain célebre, dit au ſujet de Varron, que les enfans peuvent quelquefois naître le onziéme mois; il dit même que cela a été publié par Varron dans ſon quatriéme Livre des choſes divines, & dans le premier des Lieux communs, Chap. 18. » Pour » moi, dit Aulu-Gelle, j'ai appris qu'il étoit » ſouvent arrivé que les femmes ayant accouché » le onziéme mois après la mort de leur mari, il » s'étoit formé pluſieurs conteſtations à ce ſujet, » comme ſi elles avoient conçu depuis la mort » de leurs maris, & auſſi parceque les Decemvirs » avoient écrit qu'un homme en dix mois eſt con- » çu, & non en onze. Mais le divin Adrien ayant » connu la cauſe, a décidé qu'on pouvoit accou- » cher dans le onziéme mois. Nous avons lu » nous mêmes le Decret dans lequel Adrien dit » qu'il a donné ſa déciſion ſur le Réquiſitoire des

(1) Hiſt. Natur. L. VII.
(2) Liv. 3. Chap. 13.

» Philosophes & des Médecins «.

De cette citation, il est naturel de conclure, que les Philosophes & les Médecins, comme observateurs & interpretes des loix de la Nature dans la formation de l'homme, voyant que le Décret des Décemvirs étoit contraire aux loix, les firent connoître à Adrien, & qu'après en avoir été instruit, il se détermina à décider que les enfans nés après onze mois de grossesse, sont légitimes, parcequ'il s'agissoit précisément de ce terme de onze mois.

Je pense, dit Schenchius (1), pouvoir rendre raison des différents accouchemens, si j'ajoute seulement qu'on peut assigner une autre cause que celle qui a été donnée jusqu'à présent, qui est la nature de la femme génitale, toute autre & toute différente. Car comme de toutes les semences qu'on jette dans la terre, il y en a qui ne poussent qu'au bout de trois ans, d'autres qui produisent leurs fruits à maturité au bout d'un an, il en est de même de la semence des hommes, qui produit plutôt dans les uns, plus tard dans les autres.... Je ne doute pas qu'à raison du tempérament de l'homme, de son âge, de sa constitution, de sa façon de vivre, de son éducation & du climat de son pays, comme aussi de la variété des semences, il n'arrive que le fœtus soit formé dans l'*uterus*, qu'il n'y soit porté, & qu'il ne voie le jour en des tems différens : c'est, dit Schenchius, ce qu'a très bien expliqué le divin Hypocrate dans son sixieme livre des Epidémies.

Septiémement, Cardan (2) dit que Petrus

(1) Observat. Médicin. Liv. 10.
(2) Liv. 1. Contradict. 8.

Apenius assure que sa propre mere l'a porté onze mois, & le Pere de Cardan disoit être né le treiziéme mois de sa conception.

Huitiémement, Avicene (1) tient d'une personne digne de foi, qu'une femme accoucha d'un enfant après le quatorziéme mois, à qui les dents étoient venues, & qui a bien vécu.

Neuviémement, M. de Thionneau (2), sur le témoignage de Paschal Gallus, rapporte l'histoire d'un fœtus qui fut porté vingt-trois mois.

Dixiémement, la Duchesse de Baruch de Vandal, au rapport d'Albert, conçut & resta grosse pendant deux ans : l'histoire ajoute que son enfant marchoit & parloit. On veut dire vraisemblablement qu'il parla & marcha peu de tems après sa naissance.

Onziémement, Horace Augenius (3) & Spigel (4), ont écrit sur l'incertitude même du terme de l'accouchement.

Douziémement, on trouve dans Thomas Bartholin, (5) dans le Journal des Savants (6), dans Spigel (7), dans Guldenkler cité par Mc Leaquer, dans la Dissertation sur l'accouchement à 13 mois, des exemples d'enfans né à 13, à 16, à 19 mois.

Treiziémement, Bodin (8) dit qu'un Magis-

(1) Liv. 9. des Animaux.

(2) Biblioth. Medic.

(3) Dissertation sur l'incertitude du terme de l'Accouchement.

(4) Dans ses Lettres adressées à ses Etudiants, dans l'Université de Padoue.

(5) *De insolit. partûs viis.*

(6) A. 1. P. 25.

(7) Au lieu cité.

(8) Théol. de la Nature, Liv. 3. p. 391.

trat distingué du Parlement de Rouen, fit écrire dans les Actes publics, qu'une femme étant parvenue au neuviéme mois de sa grossesse, ressentit de grandes douleurs pour accoucher, mais ne l'ayant pu, qu'elle accoucha au bout de 18 mois d'un enfant vivant.

Quatorziémement, M. Hotman (1) & avec lui l'Université de Halle, déclare légitimes les accouchemens qui se font le douziéme & le treiziéme mois.

Quinziémement, selon Zitmann (2), la Faculté de Leipsick déclare légitimes ces sortes d'accouchemens tardifs aux termes de douze & treize mois (3).

Seiziémement, M. Nebel (4), Premier Médecin de l'Electeur Palatin, rapporte plusieurs observations d'accouchemens tardifs, & entre autres l'histoire d'un enfant né à treize mois, dont l'Université d'Heidelberg déclara la naissance légitime.

Dix-septiémement, M. Jean Gerard Wagner dans sa Dissertation soutenue en 1753, sous la Présidence du célebre Heister, rapporte l'histoire d'un enfant né à treize mois, que l'Université d'Helmstad déclara légitime.

Dix-huitiémement, Lamotte (5) s'exprime ainsi. » Quand je dis qu'il faut, pour qu'un ac-

---

(1) Consult. Part. 6. le même sur les maladies du fœtus dans le sein de la mere.

(2) *De Medici forensi.*

(3) *Légitime d'Accouchement*, signifie, dans ces Observations, la même chose que *légitime de naissance.*

(4) Dissertation sur les enfans de treize mois, imprimée en 1731.

(5) Traité des Accouchemens, Liv. 1. Chap. XXVII.

» couchement ſoit naturel, que l'enfant ſoit à » terme, & que ce terme eſt pour l'ordinaire la » fin du neuviéme mois de la groſſeſſe, je n'en- » tends pas compter neuf mois jour par jour. Je » ſuis même bien éloigné de regarder ce terme » comme une regle générale pour tous les accou- » chemens, puiſque j'appelle l'enfant être à ter- » me, depuis le commencement du ſeptiéme » mois juſqu'au dixiéme, douziéme & même trei- » ziéme mois. Ce tems avancé ou retardé n'eſt, » ſelon moi, d'aucune conſéquence, quand cela » n'arrive pas par une cauſe violente, mais par- » ceque la nature eſt obligée de ſe décharger d'un » fardeau qui l'oppreſſe, & que l'enfant prend » plus ou moins de nourriture au ventre de ſa » mere; dans la penſée que quand ce retarde- » ment arrive, ce n'eſt qu'à cauſe que l'enfant eſt » trop petit ou trop foible, ce qui fait que la » mere ne ſe ſent point incommodée, ni ſa ma- » trice irritée «.

Après ce préliminaire, Lamotte cite quelques obſervations d'accouchemens au ſeptiéme & au huitiéme mois. » Comme j'ai juſtifié, dit-il, par » mes obſervations que le terme de neuf mois » n'eſt pas infaillible pour l'accouchement natu- » rel, parceque ce terme peut très ſouvent s'a- » vancer, il ne ſera pas moins à propos de faire » voir par d'autres obſervations, que la foibleſſe » de l'enfant, ou d'autres cauſes de cette nature, » peuvent auſſi bien le retarder. Car, qu'y a-t-il » de plus naturel que de penſer qu'un enfant foi- » ble, & qui n'aura pas pris autant de nourriture » & d'accroiſſement en neuf mois, qu'un autre » en aura pu prendre en ſept ou huit, demeure » encore au lieu qui lui eſt deſtiné pour finir &

» accomplir ce qui eſt ſi heureuſement commen-
» cé ? & ce lieu étant le ventre de ſa mere, où il
» doit prendre la nourriture, la force & la vi-
» gueur qui lui convient, pourquoi en ſortiroit-
» il avant d'être parvenu au dégré de perfection
» qui lui eſt néceſſaire, comme il arrive aux
» fruits qui ſont aux arbres ? Car n'en voit-on pas
» qui ont atteint leur maturité avant le tems or-
» dinaire, & qu'il en reſte quelques-uns au mê-
» me arbre longtems après que les autres ont été
» cueillis, parceque ces derniers fruits n'ont
» point atteint ſitôt leur maturité ? »

Lamotte rapporte enſuite quatre obſervations d'accouchements tardifs. Dans la premiere, c'eſt une Dame qui accouche 23 jours après les neuf mois. Dans la ſeconde, la femme d'un Faiſeur d'arçons accouche le douziéme mois. Dans la troiſiéme, la femme d'un Drapier accouche le treiziéme mois. Dans la quatriéme, Madame de **** Couſine de la Marquiſe de ***** ſent vers le neuviéme mois de vives douleurs, qui s'appaiſent, & elle n'accouche que le treizieme mois d'un garçon beaucoup plus gros que ceux dont elle étoit accouchée auparavant au terme ordinaire.

Dix-huitiémement. On lit dans l'*Hiſtoire de l'Académie Royale des Sciences*, *année* 1753, qu'une fille âgée de 39 ans épouſa dans le Bourg de Jouarre le nommé *Pequigna*, Valet-de-chambre de M. le Baron d'Openhem, Lieutenant-Colonel du Régiment Royal Allemand. Cette femme étant devenue groſſe, éprouva pluſieurs incommodités, auxquelles on remédia par la ſaignée; elle reſta groſſe trois ans, & éprouva chaque mois l'écoulement périodique de ſes Regles pendant 17 à 18 mois ; elle fut reglée en rouge, & pendant le reste du temps en blanc. Sur la fin du dixiéme elle sentit des douleurs semblables à celles de l'enfantement : environ trois pintes d'eau s'écoulerent ; les douleurs continuerent pendant quatre jours : la Malade recouvra la santé, mais continua d'être grosse. Enfin le 7 Janvier 1751 elle accoucha d'un gros garçon vivant. Le Mémoire où cette observation est détaillée fort amplement, & avec beaucoup d'exactitude, est signé de M. le Bailly de Jouarre, d'un Notaire & de deux Chirurgiens.

Dix-neuviémement. La même femme dont nous venons de parler, est devenue grosse une seconde fois en 1751, & elle l'étoit encore en 1755. On auroit lieu de croire que cette seconde grossesse ne seroit pas véritable, si elle n'avoit été précédée d'une premiere grossesse, telle que celle dont nous venons de parler. On attend le détail des suites de cette seconde grossesse : l'observation mérite d'être lue dans son entier par son importance, & parcequ'elle est pleine de détails curieux qui prouvent combien il est difficile de ne se pas tromper quand il s'agit de décider de la réalité de certaines grossesses, c'est-à-dire, de décider si les meres sont grosses d'enfans.

Cette observation, & presque toutes celles qui sont relatives aux accouchements tardifs, prouvent à ce qu'il nous paroît qu'il ne suffit pas que l'accouchement arrive le neuviéme mois, que l'enfant soit bien formé, & qu'il ait acquis une grandeur suffisante ; mais qu'il faut de plus que la matrice, à mesure que l'enfant croît, acquiére la molesse nécessaire pour que son orifice

se

ſe dilate au dégré où il doit ſe dilater dans le temps de l'enfantement ; & que cette raiſon ſeulle, jointe à une adhérence opiniâtre & conſtante du placenta à la matrice, peut être un obſtacle capable de retenir l'enfant pendant un certain temps dans la cavité de la matrice, & par conſéquent d'en retarder la naiſſance. Car la plupart des femmes qui accouchent après le terme de 9 mois, éprouvent de temps en temps des douleurs, & même avec apparition de ſang, qui les déterminent à faire venir leur Accoucheur. Ces douleurs ne ſemblent-elles pas annoncer que ſi le fœtus n'eſt pas alors au terme de ſon accroiſſement, il n'en eſt pas éloigné.

M. Bertin connoît une Dame qui eſt demeurée groſſe pendant environ 18 mois, & qui eſt accouchée heureuſement d'un enfant qui ſe porte bien, & qui n'eſt pas plus difficile à élever que ceux que cette Dame a eus précédemment. Les deux époux, ainſi que leurs enfans, ſe portent très bien. Il obſerve que dans le cours de cette groſſeſſe, la mere a éprouvé des accidents à-peu-près ſemblables à ceux dont il eſt parlé dans l'obſervation de l'Académie, dans la quatriéme obſervation de Lamotte, dans celle qu'un Magiſtrat diſtingué du Parlement de Rouen a fait inſérer dans les Actes publics, & à celle qui eſt rapportée dans la Diſſertation ſoutenue ſous la Préſidence de M. Heiſter, & imprimée en 1753.

Vingtiémement, enfin. Moriceau, Accoucheur (7) célebre dans ſon tems, dit que les enfans qui paſſent le terme de neuf mois, ſont plus forts, plus robuſtes & plus gros que ceux qui

(1) Traité des Accouchemens, Tom. I. pag. 206.

viennent précisément à ce terme. Quant à la légitimité des enfans qui naissent de ces sortes d'accouchements, comme il étoit plus versé dans l'expérience que dans la connoissance des loix que suit la Nature dans l'accroissement & le développement du fœtus, il n'a pas pris sur lui d'en décider; il renvoie à Schenchius & à Alphonse Acaranza. Mais premierement, dire que les enfans qui naissent après le terme ordinaire sont plus forts, plus robustes, plus gros, c'est admettre des accouchements tardifs, & c'est dire que ces accouchements sont naturels, secondement, renvoyer à Schenchius, qui est le plus zélé défenseur de la légitimité des accouchements tardifs, c'est dire très modestemant que ces sortes d'accouchements sont légitimes. Moriceau renvoie aussi à Alphonse Acaranza, que nous ne citons point parcequ'il traite cette matiere en Jurisconsulte. Nous nous bornons à être ce que les Philosophes & les Médecins de l'ancienne Rome étoient devant le Tribunal d'Adrien. Observateurs des loix que suit la Nature dans notre formation, nous sommes les organes de sa voix, & nous disons que les accouchements qui arrivent le douziéme, le treiziéme, le quatorziéme mois de la grossesse, sont conformes aux loix de la Nature, & que par conséquent l'enfant pour lequel nous sommes consultés étant né dix mois & demi après la mort de son pere, peut aussi-bien être légitime que les enfans qui naissent au terme de 9 mois après la mort de leur pere. Cette conclusion nous paroît d'autant plus juste & plus fondée en preuves qu'elle découle naturellement de la grande multitude des faits que nous avons rapportés, & que quelque nombreux que soient ces faits, la connoissance que nous avons des loix de la Nature ne nous permet pas de douter qu'il n'en ait échappé un très grand nombre à la connoissance des hommes, par le peu de certitude & par la variété fréquente des signes & des accidents, qui, tantôt annoncent clairement la grossesse, & tantôt la couvrent d'un voile impénétrable, dans les premiers mois de la conception; & enfin parceque ces signes ne paroissent quelquefois pas du tout.

Délibéré à Paris ce 20 Janvier 1764.

Signé, RENARD, VERNAGE, BOURDELIN, FOURNIER, BERTIN, Médecin.

GERVAIS, Accoucheur, MOREAU, Chirurgien-Major de l'Hôtel Dieu, & DELAULNE, Chirurgiens.

Permis d'imprimer, ce 8 Mai 1764.

DE SARTINE.

www.ingramcontent.com/pod-product-compliance
Ingram Content Group UK Ltd.
Pitfield, Milton Keynes, MK11 3LW, UK
UKHW021153230726
13926UKWH00001B/86